AF188347

Impressum
Verlag: BABADADA GmbH, Nedderfeld 112 , 22529 Hamburg
Geschäftsführer / Verlagsleitung: Harald Hof
Druck: Books on Demand GmbH, In de Tarpen 42, 22848 Norderstedt

Imprint
Publisher: BABADADA GmbH, Nedderfeld 112 , 22529 Hamburg, Germany
Managing Director / Publishing direction: Harald Hof
Print: Books on Demand GmbH, In de Tarpen 42, 22848 Norderstedt

okul

ښوونځی

sınıf
ټولګی
böl
تقسیم
186/2
tahta
öğretmen
ښوونکی
okul bahçesi
د ښوونځي حویلی
kağıt
ورق
yazmak
لیکل
kalem
قلم
masa
ډیسک
cetvel
خط کش
kitap
کتاب
öğrenci
زده کوونکی

okul çantası

کڅوړه

kalemlik

د پنسل بکسه

kurşun kalem

پنسل

kalem açacağı

پنسل تراش

silgi

ربړ

çizim defteri

د رسامۍ پاڼه

çizim

رسامي

resim fırçası

د نقاشی برس

boya kutusu

د نقاشی بکس

makas

قیچي

tutkal

سریښ

alıştırma kitabı

د تمرین کتاب

ödev

کورنی دنده

sayı

شمیر

ekle

جمع

çıkar

منفي

çarp

ضرب

hesapla

حساب

harf

توری

alfabe

الفبا

kelime

کلمه

metin

متن

okumak

لوستل

tebeşir

تباشیر

ders

درس

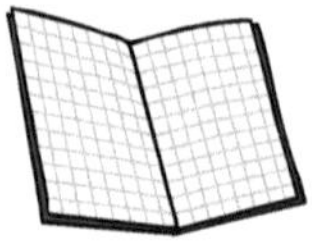

kayıt

راجستر

sınav

ازموینه

sertifika

تصدیق پاڼه

okul forması

د ښوونځي یونیفارم

eğitim

تعلیم

ansiklopedi

دایره المعارف

üniversite

پوهنتون

mikroskop

مایکروسکوپ

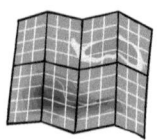

harita

نقشه

kağıt çöp kutusu

اشغالدانی

seyahat

سفر

otel
هوټل
Grand
pansiyon
ليليه
ROOMS
döviz bürosu
د اسعارو د تبادلې دفتر
EXCHANGE
bavul
بکس
otomobil
موټر

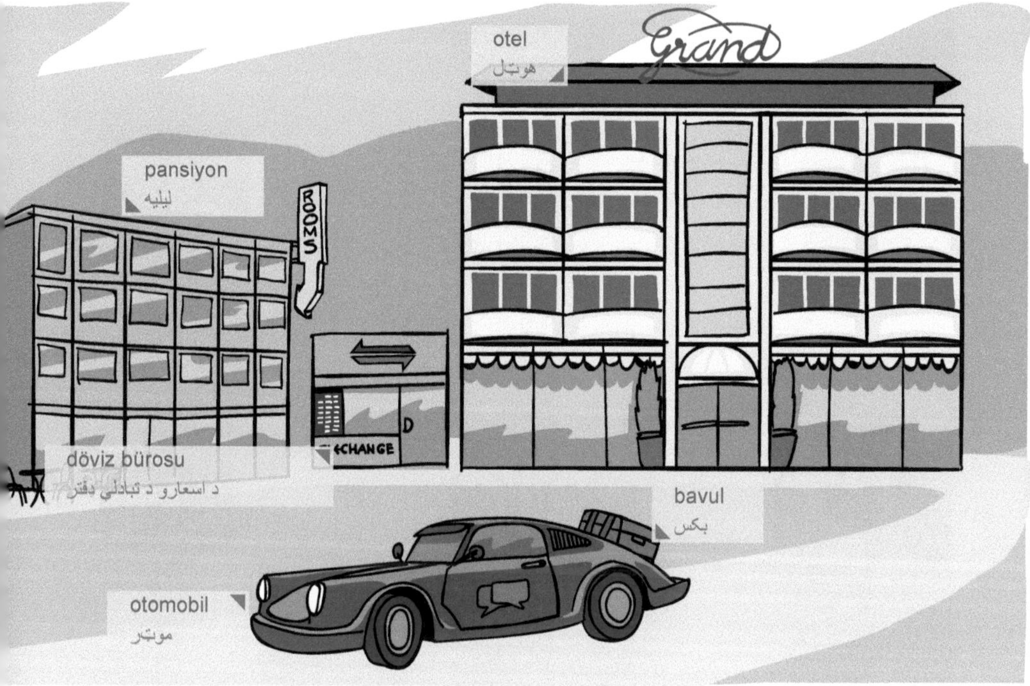

dil

ژبه

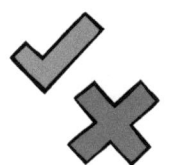

evet / hayır

هو/نه

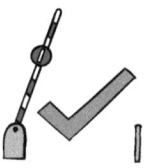

Tamam

سمه ده

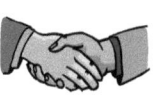

merhaba

سلام

çevirmen

ژباړونکی

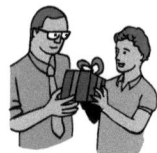

Teşekkür ederim

مننه

bu ... ne kadar?

څومره دي...؟

anlamadım

زه نه پوهيږم

problem

ستونزه

İyi akşamlar!

ماښام مو پخير!

Günaydın!

سهار په خير!

İyi geceler!

شپه په خير!

güle güle

په مخه مو ښه

yön

لارښود

bagaj

سامان

çanta

بيک

sırt çantası

شاتنی بکس

misafir

ميلمه

oda

خونه

uyku tulumu

د خوب کڅوړه

çadır

خيمه

turist danışma

د توریزم معلومات

sahil

ساحل

kredi kartı

کریډیټ کارت

kahvaltı

ناری

öğle yemeği

د غرمې خواړه

akşam yemeği

د شپې خواړه

Bilet

ټیکټ

asansör

لفټ

pul

مهر

sınır

پوله

gümrük

ګمرک

elçilik

سفارت

vize

ويزه

pasaport

پاسپورټ

ulaşım

ټرانسپورټ

uçak
الوتکه
gemi
yangın söndürme pompası
د اور ماشين
otobüs
بس
kamyon
ټرک
motorlu tekne
موټرکښتۍ
bisiklet
بايک
otomobil
موټر

feribot

کښتۍ

bot

کښتۍ

motosiklet

موټرسايکل

polis arabası

د پوليسو موټر

yarış arabası

د ريس موټر

kiralık araba

کرايي موټر

ortak araba

د کرایه موټري

çekici

جرثقیل لرونکی ټرک

çöp kamyonu

ریفیوز ټرک

motor

موټر

yakıt

سونګ توکي

benzinlik

پټرول سټیشن

trafik işareti

ترافیکي نښه

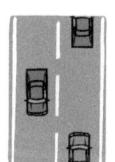

trafik

ترافیک

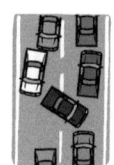

trafik sıkışıklığı

جام ترافیک

otopark

د موټرو تمځای

tren istasyonu

د ریل سټیشن

ray

پاټکي

tren

ریل

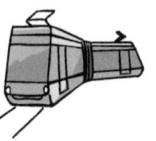

tramvay

ټرام

vagon

واګون

helikopter

چورلکه

havaalanı

هوايي ډګر

kule

برج

yolcu

مسافر

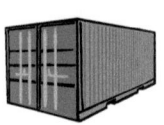

konteyner

کانټينر

koli

کارتون

yük arabası

کارت

sepet

ټوکری

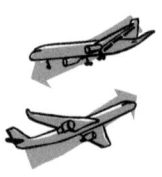

kalkış / iniş

الوتنه کول/کښېناستل

şehir

ښار

köy

کلی

şehir merkezi

د ښار مرکز

ev

کور

sinema سينَما

reklam اعلان

sokak lambası د کوڅې لامپ

CINEMA

sokak کوڅه

taksi ټېکسي

büfe د خوارو پلورنځى

yaya yolu پياده

kaldırım پلى لاره

yaya geçidi د سرک څخه تېرېدو لاره

çöp kutusu اشغالدانۍ (لوښی)

kavşak د تېرېدو لاره

trafik ışığı د ترافيک څراغونه

kulübe

کودله

apartman dairesi

اپارتمان

tren istasyonu

د ريل سټېشن

belediye binası

ټاون هال

müze

ميوزيم

okul

ښوونځى

üniversite

پوهنتون

banka

بانک

hastane

روغتون

otel

هوټل

eczane

درملتون

ofis

دفتر

kitapçı

کتاب پلورنځی

mağaza

پلورنځی

çiçekçi

د ګلانو پلورنځی

süpermarket

لوی پلورنځی

market

مارکيټ

büyük mağaza

د ډیپارټمنټ سټور

balık satıcısı

کب پلورنځی

alışveriş merkezi

د پلور مرکز

liman

لنګرتون

park

....

پارک

bank

....

بینچ

köprü

....

پل

merdiven

....

زینه

metro

....

د ځمکي لاندي

tünel

....

تونل

otobüs durağı

....

بس تمځای

bar

....

بار

restoran

....

ریسټورانټ

posta kutusu

....

پوست بکس

sokak tabelası

....

د کوڅې نښه

otopark sayacı

....

د پارک کولو میټر

hayvanat bahçesi

....

ژوبڼ

yüzme havuzu

....

د لامبو حوض

cami

....

مسجد

çiftlik

كرونده

kirlilik

ناپاكي

mezarlık

هديره

kilise

چرچ

oyun alanı

د لوبو ډګر

tapınak

معبد/كليسا

arazi

منظره

yaprak
پانه

yön tabelası
د لارښوونى تښته

yol
لاره

çayır
چمن

taş
كانى

ağaç
ونه

yürüyüşçü
هيكر

ırmak
سيند

çimen
واښه

çiçek
ګل

vadi

دره

tepe

غونډۍ

göl

ناور

orman

ځنګل

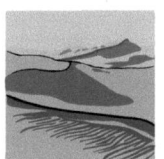

çöl

دښته

volkan

اورشيندی

kale

کلا

gökkuşağı

رنګين کمان

mantar

مرخيړي

palmiye

پلم ونه

sivrisinek

ماشي

sinek

الوتل

karınca

ميږی

arı

مچۍ

örümcek

غونډل/جولا

böcek
....
ګونګټ

kurbağa
....
چونګښه

sincap
....
نولی

kirpi
....
زیږکی

yabani tavşan
....
سوی

baykuş
....
ګونګ

kuş
....
مرغۍ

kuğu
....
قازه

yaban domuzu
....
نرخوګ

geyik
....
هوسۍ

geyik
....
ګاوزه

baraj
....
بند

rüzgar türbini
....
بادي توربین

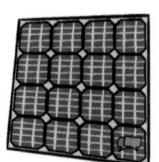

güneş paneli
....
سولر تختي

iklim
....
اقلیم

restoran

ریسټورانټ

garson
پیشخدمت
menü
مینو
sandalye
çorba
سوپ
pizza
پیزا
çatal - bıçak
بڼاخې، چاقو، کاشوغه
masa örtüsü
د میز ټوټه

başlangıç

....

سټارټر

ana yemek

....

اصلي خواړه

tatlı

....

شیریني

içecekler

....

څښاک

yemek

....

خواړه

şişe

....

بوتل

fastfood

فاسټ فوډ

sokak yemeği

د کوڅې خواړه

çaydanlık

چای جوش

şekerlik

قندانی

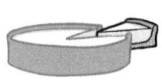

porsiyon

برخه

espresso makinesi

اسپرسو مشین

mama sandalyesi

لوړه چوکی

fatura

رسید

tepsi

مجمه

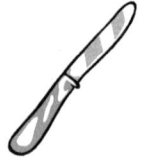

bıçak

چاکو

çatal

پنجه

kaşık

قاشق

çay kaşığı

چای قاشق

servis peçetesi

سورویت

bardak

ګلاس

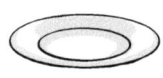

tabak
....
پلیټ

çorba kasesi
....
د سوپ پلیټ

fincan altlığı
....
نالبکۍ

sos
....
ساس

tuzluk
....
مالګه شیندونکی

karabiber değirmeni
....
د مرچ ټکولو لوخی

sirke
....
سرکه

yağ
....
غوړي

baharat
....
مساله

ketçap
....
کچ اپ

hardal
....
شړشم

mayonez
....
چکه

süpermarket

لوی پلورنځی

özel teklif
ځانګړی وړاندیز
FOR
müşteri
پیرودونکی
süt ürünleri
لبنیات
meyve
میوه
alışveriş arabası
لاسي ګاډی

kasap

قصابي

fırın

نانوایی

tartmak

وزن کول

sebze

سبزیجات

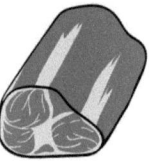

et

غوښه

donmuş gıda

کنګل خواړه

söğüş et

يخه غوښه

konserve yiyecek

کنسروا خواړه

toz deterjan

د مينځلو پوډر

şekerlemeler

شيريني

ev temizlik ürünleri

کورني توليدات

temizlik ürünleri

د پاکولو محصولات

satış görevlisi

د پلور فرد

yazar kasa

د نغدي راجستر

kasiyer

صراف

alışveriş listesi

د پيرود ليست

açılış saatleri

کاري ساعتونه

cüzdan

بټوه

kredi kartı

کريډيټ کارت

çanta

کڅوړه

plastik poşet

پلاستيک کڅوړه

içecekler

څښاک

su

اوبه

meyve suyu

جوس

süt

شیده

kola

کوک

şarap

واین

bira

بیر

alkol

الکول

kakao

ککاو

çay

چای

kahve

کافي

espresso

اسپرسو

kapuçino

کپچینو

muz

کیله

elma

مڼه

portakal

نارنج

kavun

هندوانه

limon

لیمو

havuç

ګازره

sarımsak

هوږه

bambu

بانس

soğan

پیاز

mantar

مرخیړي

çerez

چغزی

makarna

آش

spagetti

سپيګېټي

pirinç

وريجي

salata

سلاد

cips

چپس

patates kızartması

سره کړي کچالو

pizza

پيزا

hamburger

همبرګر

sandviç

ساندويچ

şinitzel

کتره

pastırma

د پتون غوښه

salam

سلمي

sosis

ساسج

tavuk

چرګ

rosto

روسټ

balık

کب

yulaf ezmesi

د وربشي شيرني

müsli

موسلي

mısır gevreği

د جوار پلی

un

اوړه

kruvasan

کروسانت

küçük ekmek

د ډوډۍ رول

ekmek

ډوډۍ

tost

ټوسټ

bisküvi

بسکيټ

tereyağı

کوچ

kaymak

چکه

kek

کیک

yumurta

هګۍ

sahanda yumurta

پښي هګۍ

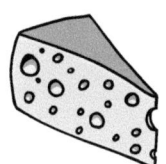

peynir

پنیر

dondurma

آیس گریم

şeker

بوره

bal

شهد

reçel

مربا

fındık ezmesi

نوگاټ کریم

köri

کورکمان

çiftlik

کرونده

د کروندې خونه
tahıl ambarı
غوجل
sap toplama makinesi
tarla
at
اس
römork
traktör
tay
کوچنی اس
eşek
خر
koyun
پسه
kuzu

keçi

وزه

inek

غوا

buzağı

خوسکی

domuz

خوګ

domuz yavrusu

د خوګ بچی

boğa

غویی

kaz

بته

ördek

هیلۍ

civciv

چرګوړی

tavuk

چرګه

horoz

بانګي

sıçan

سارای موږک

kedi

پیشک

fare

موږک

öküz

غویی

köpek

سپی

köpek kulübesi

د سپي خونه

bahçe hortumu

د باغ هوز

sulama kabı

د اوبو لوخی

tırpan

لور (داس)

pulluk

یوی

orak
....
لور

çapa
....
رمبی

dirgen
....
ښاخی

balta
....
تبر

el arabası
....
کراچی

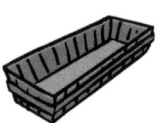

yemlik
....
ناوه

süt kovası
....
د شیدو لوخی

çuval
....
جوال

çit
....
کټاره

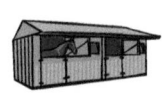

ahır
....
مضبوط

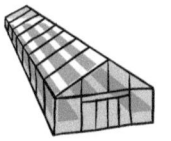

sera
....
شنه خونه

toprak
....
خاوره

tohum
....
تخم

gübre
....
سره/کود

biçerdöver
....
کـډ ریبونکی ماشین

hasat etmek

زیرمه کول

harman

درمند

tatlı patates

خواږه کچالو

buğday

غنم

soya

سویا

patates

کچالو

mısır

جوار

kolza

نباتي تخم

meyve ağacı

د میوې ونه

manyok

مانیوک

hububat

غله

baca
درخه

çatı
بام

yağmur oluğu
ناودان

pencere
کرکی

garaj
گراج

kapı zili
د دروازي زنگ

kapı
دروازه

çöp kutusu
اشغالدانی

posta kutusu
د لیک بکس

bahçe
باغ

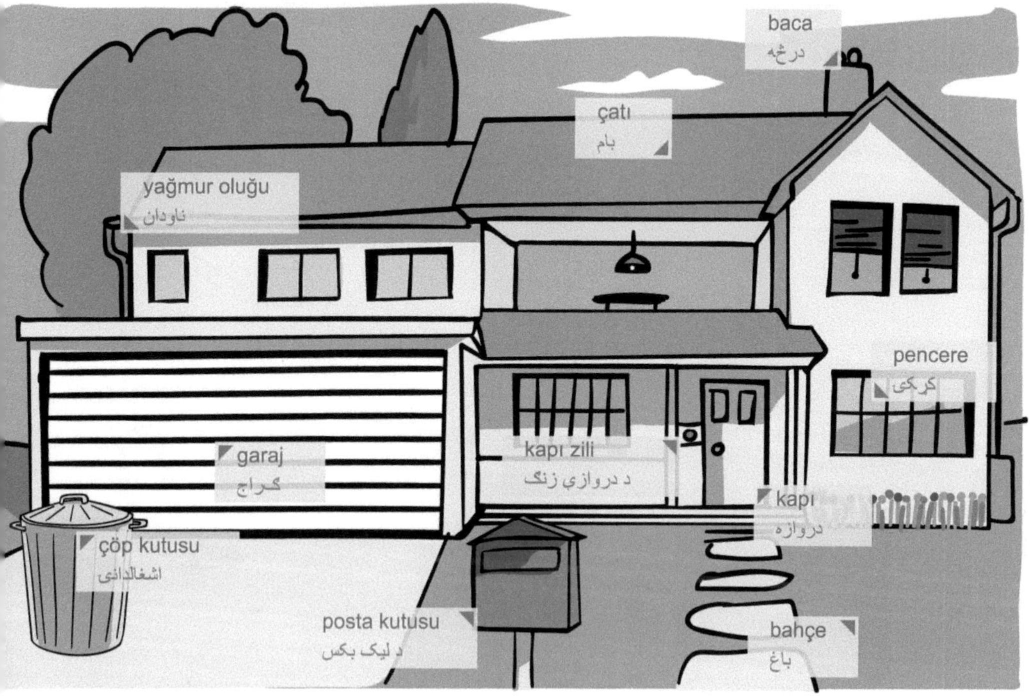

oturma odası
د اوسیدو خونه

banyo
حمام

mutfak
پخلنځی

yatak odası
د ویده کیدو خونه

çocuk odası
د ماشوم خونه

yemek odası
د خوارو خونه

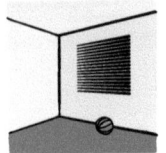

zemin

فرش

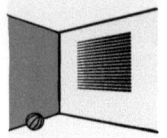

duvar

دیوال

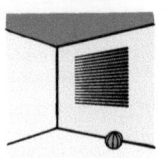

tavan

چت

kiler

زیرخانه

sauna

سونا

balkon

بالکوني

teras

تراس

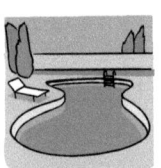

havuz

حوض

çim biçme makinesi

د چمن وهلو ماشین

çarşaf

شیټ

yatak örtüsü

روجایی

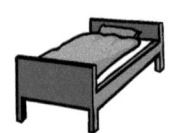

yatak

تخت

süpürge

جارو

kova

بوکه

anahtar

سویچ

oturma odası

د اوسيدو خونه

duvar kağıdı
resim
عکس
lamba
لامپ
raf
شیلف
dolap
الماری
televizyon
تلویزیون
şömine
نغری
çiçek
minder
بالښت
kanepe
صوفه
vazo
ګلدانی
uzaktan kumanda
ریموټ کنټرول

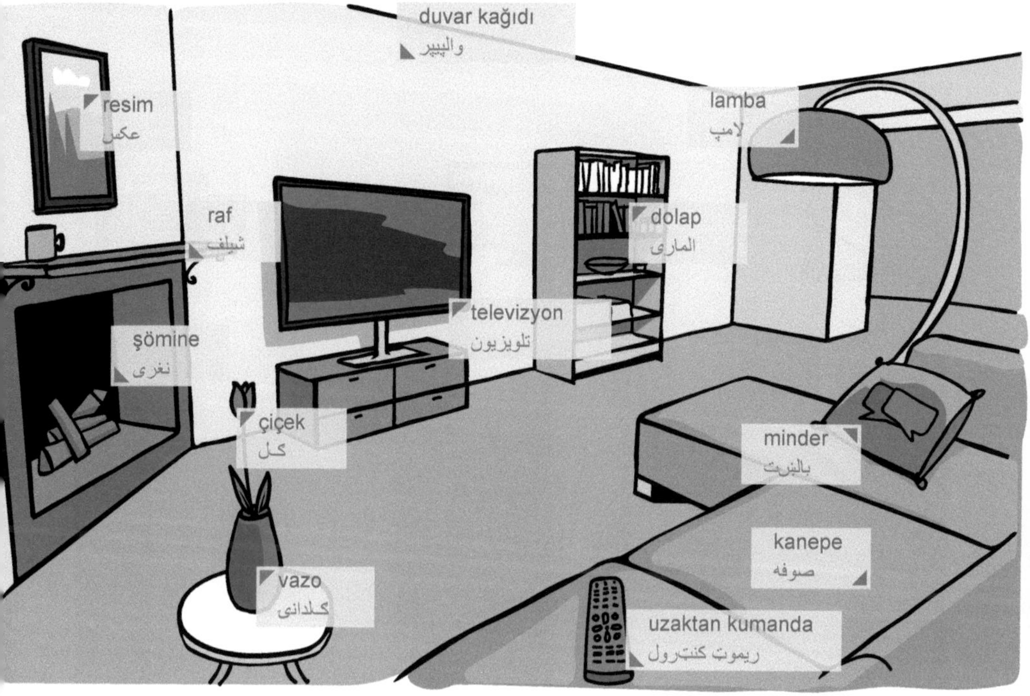

halı

غالی

perde

پرده

masa

میز

sandalye

چوکۍ

salıncaklı koltuk

تاويدونکي چوکۍ

koltuk

بازو لرونکی چوکۍ

kitap

کتاب

battaniye

کمپل

dekor

ډیکوریشن

odun

د اور لرګي

film

فلم

hi-fi

هایفای

anahtar

کلي

gazete

ورځپاڼه

tablo

نقاشي

poster

پوستر

radyo

راډیو

defter

کتابچه

elektrikli süpürge

واکیوم جارو

kaktüs

کاکتوس

mum

شمع

mutfak
پخلنځی

buzdolabı
فریج
mikrodalga fırın
مایکرو ویو اون
د پخلنځي تله
tost makinesi
ټوسټر
deterjan
مینځونکی
fırın
سټوو
buzluk
یخچال
çöp kutusu
اشغالدانی
bulaşık makinesi
د لوخو مینځونکی

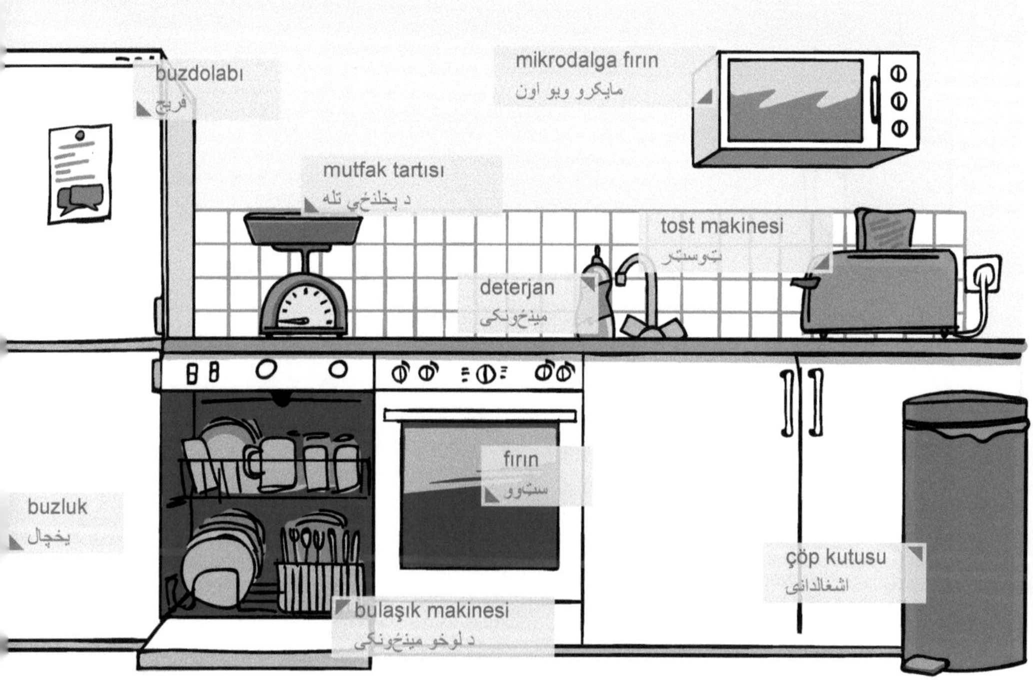

ocak

دیگ بخار

tencere

لوخی

döküm tencere

چدني لوخی

wok

ووک

tava

د تلي په

su ısıtıcı

چای جوش

buharlı pişirici

....

د بخار دیګ

pişirme tepsisi

....

پتنوس

tabak takımı

....

لوخي

kupa

....

مګ

kase

....

کاسه

çubuk (çin yemeği)

....

د رانیولو اوزار

kepçe

....

څمڅۍ

spatula

....

کفګیر

çırpma teli

....

پاکونکی

süzgeç

....

صافي

elek

....

غلبیل

rende

....

ګریټر

havan

....

اونګ

barbekü

....

بار بي کيو

açık ateş

....

خلاص اور

kesme tahtası

....

تخته

merdane

....

هوارونکی

tirbüşon

....

کارک سکریو

konserve kutusu

....

ټیم

konserve açacağı

....

د ټیم خلاصونکی

fırın eldiveni

....

د لوخي ټوټه

evye

....

ظرف شوی

fırça

....

برس

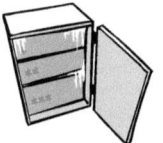

sünger

....

سپنج

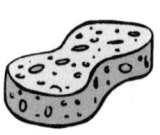

blender

....

بلیندر

derin dondurucu

....

ژور یخچال

biberon

....

د ماشوم بوتل

musluk

....

نل

banyo

حمام

ısıtma
تودول
havlu
جان پاک
duş
شاور
duş perdesi
د شاور پرده
köpük banyosu
ببل حمام
küvet
د حمام ټب
bardak
ګلاس
çamaşır makinesi
د مینځلو مشین
musluk
نل
fayans
ټایلونه
lazımlık
یو ډول کموډ
evye
ظرف شوی

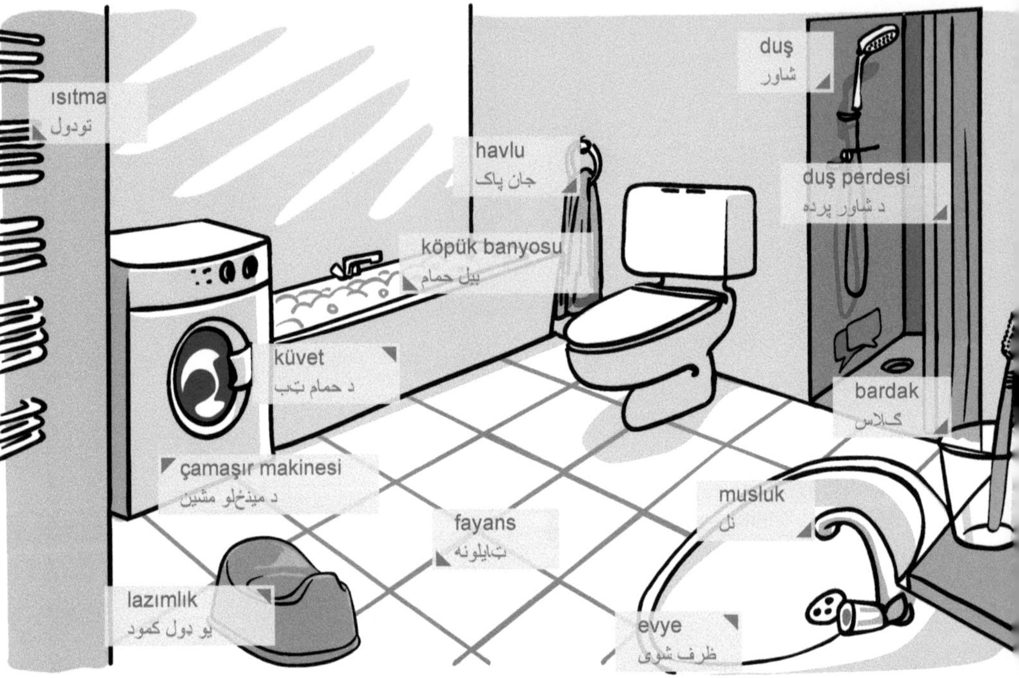

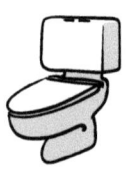

tuvalet

تشناب

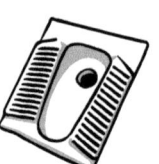

alaturka tuvalet

فرشي کموډ

bide

کموډ

pisuvar

د متیازو ځای

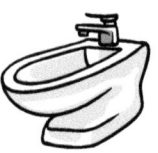

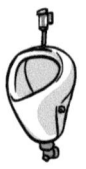

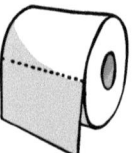

tuvalet kağıdı

تشناب کاغذ

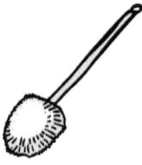

tuvalet fırçası

د تشناب برس

diş fırçası

د غاښونو برس

diş macunu

د غاښونو کریم

diş ipi

د غاښونو نخ

yıkamak

مینځل

duş başlığı

لاسي شاور

duş başlığı şeklinde taharet musluğu

دوش

küvet

خانک

banyo fırçası

د شا برس

sabun

صابون

duş jeli

د شاور ژل

şampuan

شامپو

banyo lifi

فلانل جامه

gider

وچول

krem

کریم

deodorant

سپری

ayna

آینه

el aynası

لاسي آینه

jilet

ریزر

tıraş köpüğü

د خریلو فوم

tıraş losyonu

د خریلو وروسته

tarak

ګمنځ

fırça

برس

saç kurutma makinesi

د ویښتانو وچونکی

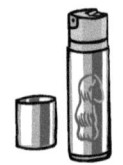

saç spreyi

د ویښتانو سپری

makyaj

میک اپ

ruj

لیپ سټیک

tırnak cilası

د نوکانو پالش

pamuk

کاټن وری

tırnak makası

ناخن ګیر

parfüm

عطر

makyaj çantası

....

د مېنځلو کڅوړه

tabure

....

سټول

tartı

....

د وزن کولو تله

bornoz

....

د حمام پوښاک

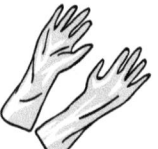

lastik eldiven

....

د ربړ دستکش

tampon

....

ټامپون

kadın pedi

....

صحيي جان پاک

kimyevi tuvalet

....

کيميکل تشناب

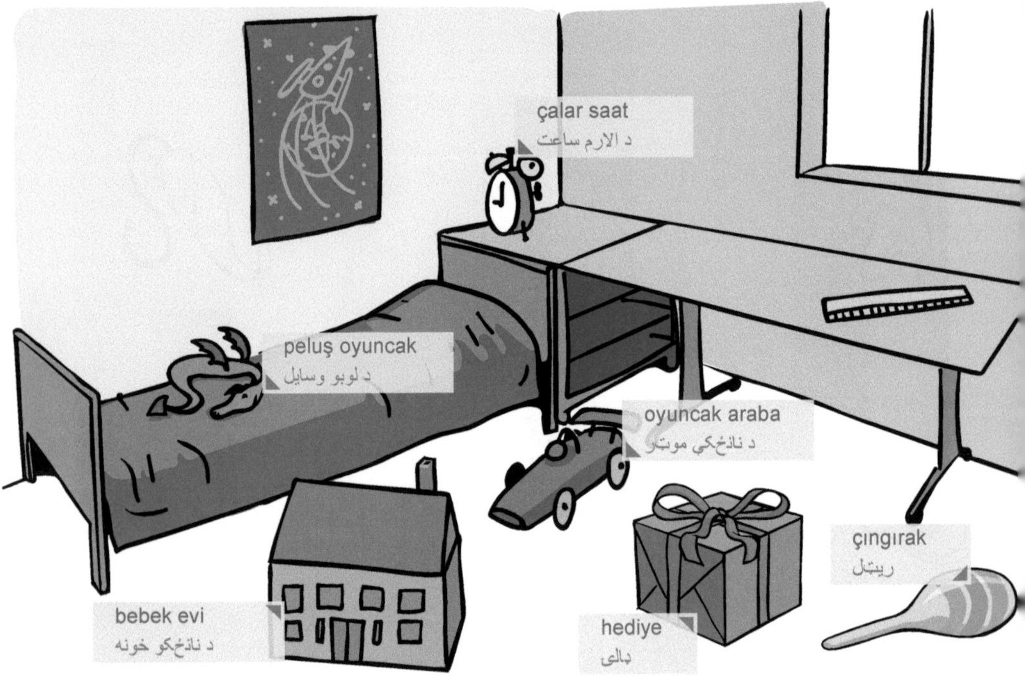

çalar saat
د الارم ساعت
peluş oyuncak
د لوبو وسایل
oyuncak araba
د ناڅکي موټر
bebek evi
د ناڅکو خونه
hediye
ډالۍ
çıngırak
ریټل

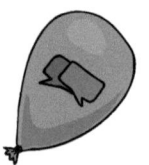

balon

بالون

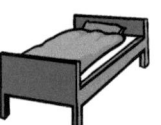

yatak

تخت

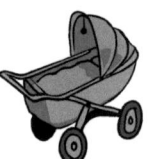

bebek arabası

کالسکه

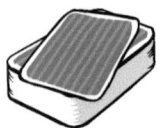

kart destesi

د لوبو ورقي

yapboz

جیګسا

SUPER MEGA

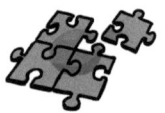

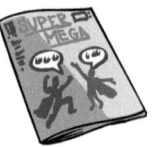

çizgi roman

مسخره

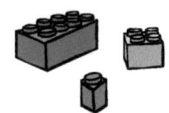

lego tuğlaları

لیګو بریک

lego blokları

د ناڅکو بلاک

aksiyon figürü

د اکشن فیګور

zıbın

د ماشوم پوښاک

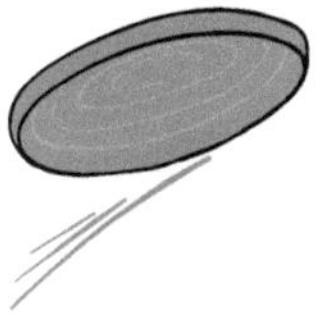

frizbi

فریزبي

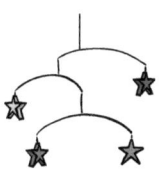

dönence

موبایل

masa oyunu

بورډ لوبه

zar

تاس

model tren seti

مادل ریل سیټ

emzik

ګونګشی

parti

پارټي

resimli kitap

د عکسونو البوم

top

بال

oyuncak bebek

ناڅکه

oynamak

لوبیدل

kum havuzu

....

د شګو کنده

salıncak

....

سوینګ

oyuncaklar

....

نانځکي

video oyun konsolu

....

د ویډیو لوبو کنسول

üç tekerlekli bisiklet

....

ټرای سایکل

oyuncak ayı

....

ګوډګه

gardırop

....

د کالو الماری

kıyafet

پوښاک

çorap

....

جرابي

külotlu çorap

....

لوړي جرابي

tayt

....

ټایټس

eşarp
زروکی

şemsiye
چتری

kemer
کمربند

tişört
تي شرت

spor ayakkabı
سنيکر

bot
بوټان

terlik
سلپر

sandalet
سيندل

ayakkabı
بوټان

lastik çizme
د ربر بوټان

külot
زيرنيکري

sütyen
سينه بند

yelek
واسکټ

dar bluz

باډي

pantolon

پتلون

kot pantolon

جينز

etek

لمن

bluz

بلاوز

gömlek

شرټ

kazak

بنيان

süveter

سويټر

blazer

بليزر

ceket

جاکټ

mont

کوټ

yağmurluk

د باران کوټ

kostüm

پوښاک

elbise

کالي

gelinlik

د واده پوښاک

takım elbise

دريشي

gecelik

د شپې پوښاک

pijama

پاجامه

sari

ساړي

baş örtüsü

لوپټه

türban

پټکی

burka

برقه

kaftan

كفتن

çarşaf

عبا

mayo

د لامبو پوښاک

erkek mayosu

نيکر

şort

شارټ

eşofman

د ځغاستې پوښاک

önlük

پيش بند

eldiven

دستکش

düğme

بټڼ

gözlük

عینک

bilezik

لاس بند

kolye

غاړه کۍ

yüzük

ګوتمه

küpe

غوږوالۍ

kep

خولۍ

portmanto

کوټ بند

şapka

خولۍ

kravat

ټایی

fermuar

ځنځیر

kask

هیلمیټ

pantolon askısı

تړونکی

okul forması

د ښوونځي یونیفارم

üniforma

یونیفارم

mama önlüğü

بيب

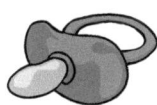

emzik

گـونگشـى

bebek bezi

نيپي

ofis

دفتر

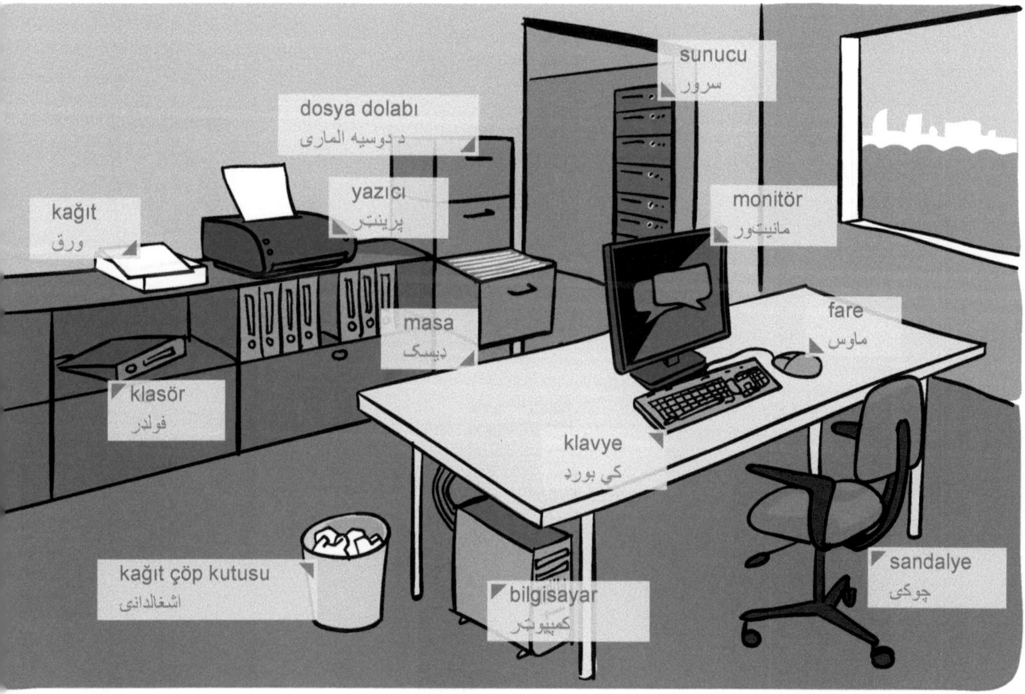

dosya dolabı
د دوسيه المارى

sunucu
سرور

kağıt
ورق

yazıcı
پرينتر

monitör
مانيتور

masa
ديسک

fare
ماوس

klasör
فولدر

klavye
کي بورد

kağıt çöp kutusu
اشغالدانى

bilgisayar
کمپيوتر

sandalye
چوکى

kahve fincanı

د کافي پياله

hesap makinesi

کالکوليتر

internet

انترنيت

dizüstü

لپ ټاپ

mektup

لیک

mesaj

پیغام

cep telefonu

موبایل

ağ

نیټورک

fotokopi makinesi

فوټوکاپیر

yazılım

سافټویر

telefon

تلیفون

priz

پلک ساکټ

faks makinesi

فکس مشین

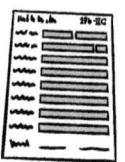

form

فارم

belge

سند

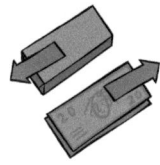

satın almak

پیرل

ödemek

تادیه کول

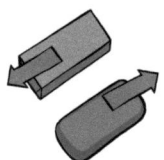

ticaret yapmak

سوداګري کول

para

پیسې

dolar

ډالر

avro

یورو

yen

ین

ruble

ربل

İsviçre frangı

سویسي فرانک

Çin yuanı

رینمینبي یوان

rupi

روپۍ

kasa

د نغدي پیسو ځای

döviz bürosu

د اسعارو د تبادلي دفتر

altın

سره زر

gümüş

سپین زر

petrol

تیل

enerji

انرژي

fiyat

نرخ

kontrat

قرارداد

vergi

ماليه

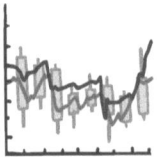

menkul değer

اسهام

çalışmak

کار کول

işveren

کارمند

işçi

کار گـومارونکی

fabrika

فابریکه

mağaza

پلورنځی

meslekler
مسلکونه

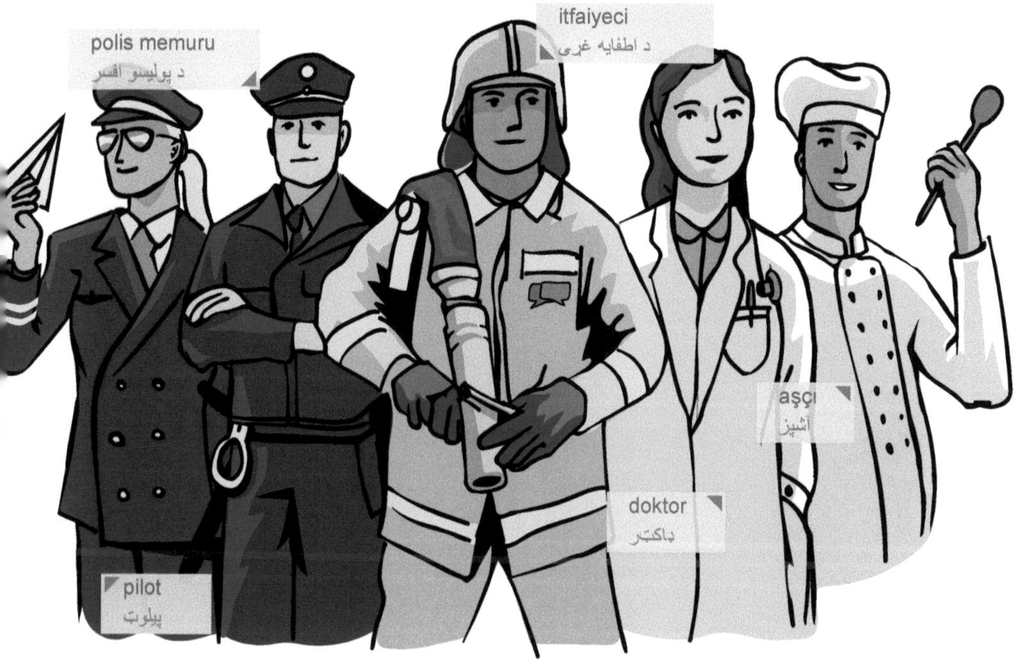

polis memuru
د پولیسو افسر
itfaiyeci
د اطفایه غړی
aşçı
آشپز
doktor
ډاکټر
pilot
پیلوټ

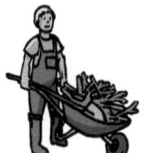

bahçıvan

باغوان

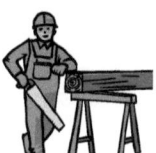

marangoz

نجار

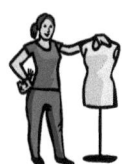

terzi

خیاط

hakim

قاضي

kimyager

کیمیا پوه

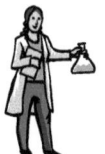

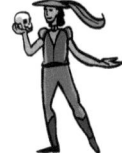

aktör

د فلم لوبغاړی

otobüs şoförü

د بس ډرایور

taksi şoförü

د ټېکسي ډرایور

balıkçı

کب نیونکی

temizlikçi

خدمه

çatı ustası

بام جوړونکی

garson

پیشخدمت

avcı

ښکاري

boyacı

نقاش

fırıncı

نانوا

elektrikçi

د برښنا کارکونکی

inşaatçı

تعمیر جوړونکی

mühendis

انجنیر

kasap

قصاب

muslukçu

نلدوان

postacı

پوست رسونکی

asker

سرتیری

mimar

مهندس

kasiyer

صراف

çiçekçi

ماليار

kuaför

نایی

kondüktör

کلینډر

tamirci

میکانیک

kaptan

کپتان

dişçi

د غاښونو ډاکټر

bilim insanı

ساینس پوه

haham

ښاغلی

imam

امام

keşiş

مذهبي نفر

rahip

پادري

aletler

لوازم

çekiç
tornavida
پیچکش
penseler
پلاس
İngiliz anahtarı
رینچ
el feneri
څراغ

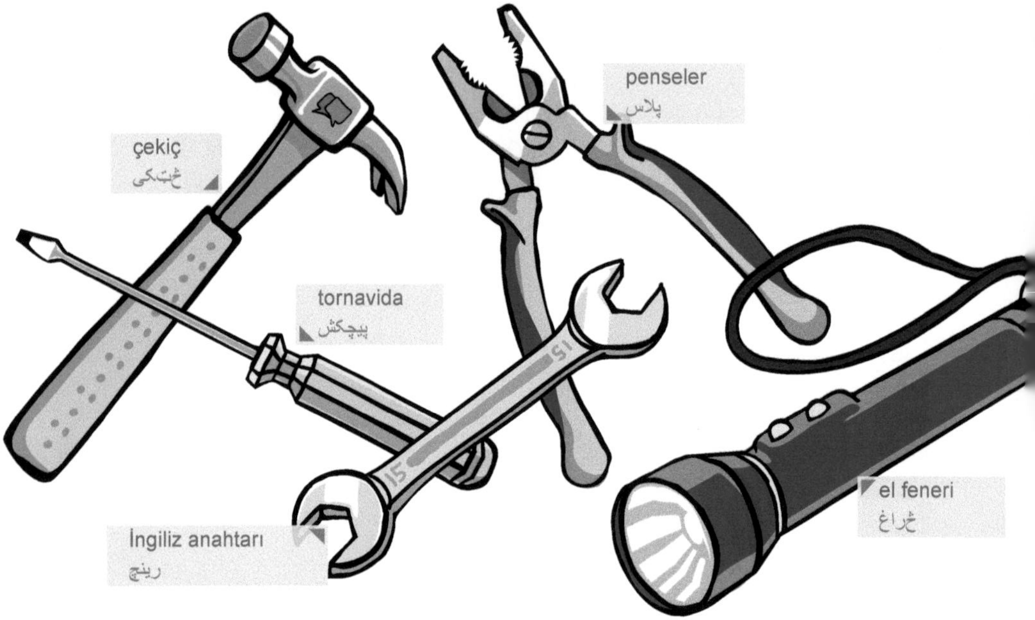

kazı makinesi

کنستونکی

alet çantası

د لوازمو بکس

merdiven

زینه

testere

اره

çiviler

میخونه

matkap

برمه

tamir etmek

ترمیم کول

kürek

بیل

Kahretsin!

لعنت!

faraş

خاک انداز

boya tenekesi

مشوانئ

vidalar

پیچونه

müzik enstrümanı

د میوزیک آلات

hoparlör
لاود سپیکر

bateri seti
درم سیټ

gitar
ګیتار

kontrbas
کنترباس

trompet
تر ومپیت

piyano

....

پیانو

keman

....

وایلن

basgitar

....

باس

timpani

....

نغاره

bateri

....

ډرمونه

klavye

....

کي بورډ

saksafon

....

سیکسافون

flüt

....

شپیلۍ

mikrofon

....

مایکروفون

hayvanat bahçesi

ژوبڼ

kaplan
giriş
ننوتو لاره
kafes
پنجره
zebra
hayvan yemi
panda

hayvanlar
....
ژوی

fil
....
هاتي

kanguru
....
کنګرو

gergedan
....
د اوبو اسپ

goril
....
ګوريلا

ayı
....
ايږه

deve

اوش

deve kuşu

شترمرغ

aslan

زمری

maymun

بیزو

flamingo

غزی

papağan

طوطي

kutup ayısı

قطبي ایږه

penguen

پینګوین

köpek balığı

شارک

tavus kuşu

طاوس

yılan

مار

timsah

تمساح

hayvanat bahçesi görevlisi

ژوبڼ ساتونکی

fok

سیل

jaguar

جګوار

midilli atı

یابو

leopar

پړانک

su aygırı

هیپو

zürafa

زرافه

kartal

باز

yaban domuzu

نرخوک

balık

کب

kaplumbağa

شمشتی

mors

سمندري نولی

tilki

کیدړه

ceylan

هوسۍ

sporlar
ورزش

amerikan futbolu
امریکایی فټبال
bisiklete binme
سایکل ځغلول
tenis
ټینیس
basketbol
باسکیټبال
yüzme
لامبو
boks
باکسینګ
buz hokeyi
د کنګل هاکي

futbol

فټبال

badminton

کسیزه

atletizm

د ځغاستي لوبي

hentbol

د هندبال

kayak

سکي

polo

پولو

etkinlikler
فعالیتونه

atlamak
ټوپ وهل
sarılmak
غاړه ورکول
gülmek
خندل
yürümek
söylemek
سندرې ویل
hayal etmek
خوب لیدل
dua etmek
عبادت کول
öpmek

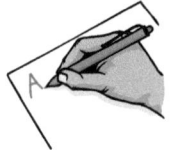

yazmak

ليکل

çizmek

کښل

göstermek

ښودل

itmek

ټېله کول

vermek

ورکول

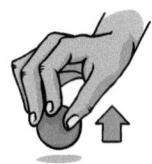

almak

اخیستل

sahip olmak

درلودل

yapmak

کول

olmak

پاييدل

ayakta durmak

ودريدل

koşmak

منډې وهل

çekmek

راکښل

atmak

گوزارل

düşmek

لويدل

yalan söylemek

څملاستل

beklemek

انتظار کول

taşımak

وړل

oturmak

کښيناستل

giyinmek

پوښاک اغوستل

uyumak

ويده کيدل

uyanmak

پاڅيدل

bakmak
....
کتل

ağlamak
....
ژړل

vurmak
....
برید کول

taramak
....
ګمنځ کول

konuşmak
....
خبري کول

anlamak
....
پوهیدل

sormak
....
غوښتل

dinlemek
....
اوریدل

içmek
....
څښل

yemek
....
خوړل

düzenlemek
....
پاکول

sevmek
....
مینه کول

pişirmek
....
پخلی کول

sürmek
....
موټر چلول

uçmak
....
الوتل

denize açılmak

....

بیړۍ چلول

hesapla

....

حساب

okumak

....

لوستل

öğrenmek

....

زده کول

çalışmak

....

کار کول

evlenmek

....

واده کول

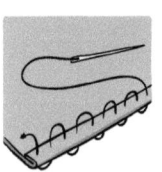

dikmek

....

ګنډل

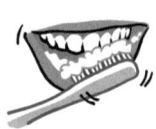

diş fırçalamak

....

د غاښونو برس کول

öldürmek

....

وژل

sigara içmek

....

سګرټ څښل

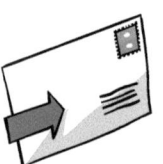

yollamak

....

لیږل

aile

کورنۍ

büyükanne
نیا
büyükbaba
نیکه
baba
پلار
anne
مور
bebek
ماشوم
kız
لور
oğul
زوی

misafir

....

میلمه

teyze

....

ترور

amca

....

کاکا/ماما

erkek kardeş

....

ورور

kız kardeş

....

خور

vücut

بدن

alın
تندی
göz
omuz
اوږه
parmak
yüz
مخ
çene
زنه
el
لاس
göğüs
سینه
bacak
پښه
kol
مټ

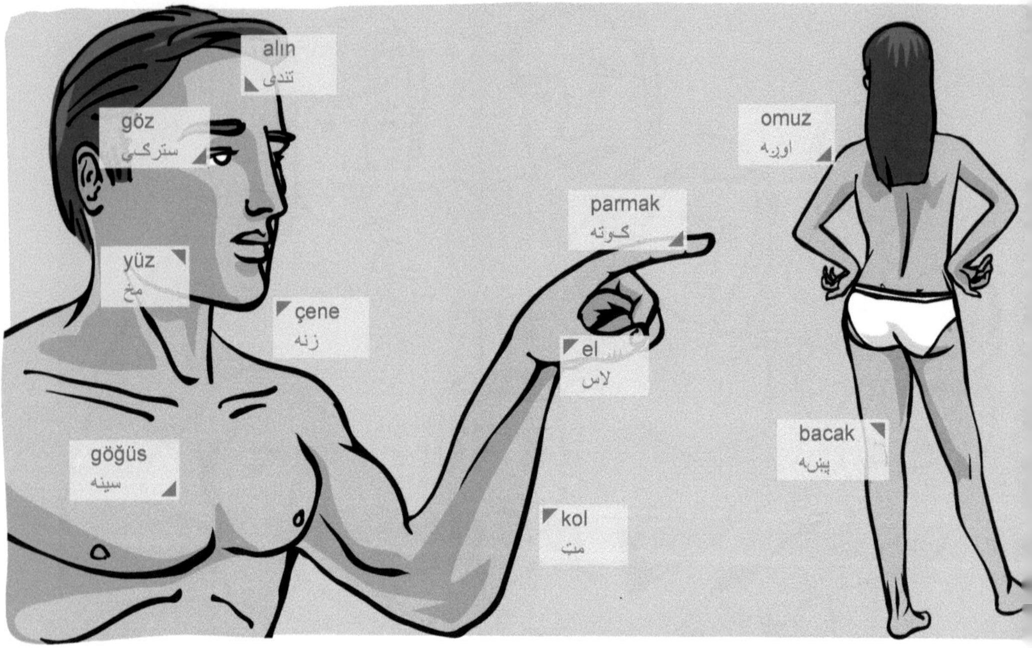

bebek

ماشوم

adam

سړی

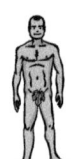

kadın

ښځه

kız

انجلۍ

erkek çocuk

هلک

baş

سر

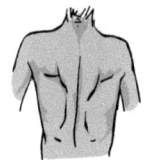

sırt

....

شا

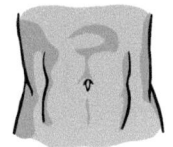

karın

....

خېټه

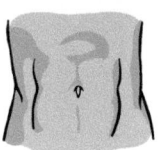

göbek

....

نوم

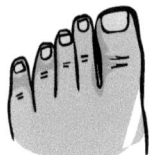

ayak parmağı

....

د پښې ګوته

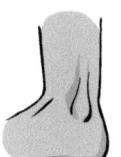

topuk

....

پونده

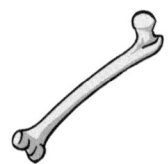

kemik

....

هډوکی

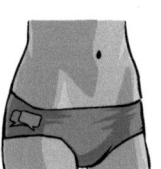

kalça

....

کوناټی

diz

....

زنګون

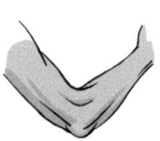

dirsek

....

څنګل

burun

....

پوزه

kalça

....

لاندې برخه

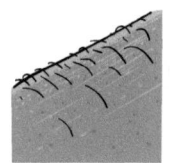

deri

....

پوټکی

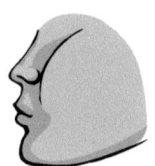

yanak

....

غومبوری

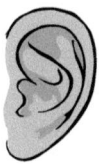

kulak

....

غوږ

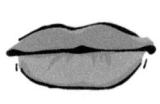

dudak

....

شونډه

ağız

خوله

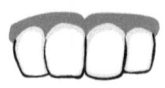

diş

غاښ

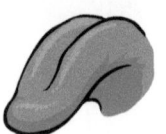

dil

ژبه

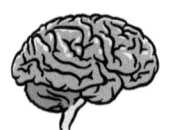

beyin

مغز

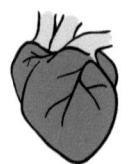

kalp

زړه

kas

عضله

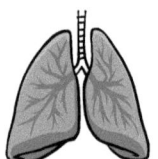

akciğer

سږی

karaciğer

ځيګر

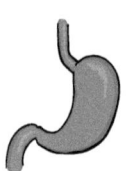

mide

معده

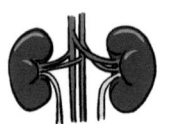

böbrekler

پښتورګي

seks

جنسي نږدې والی

prezervatif

کانډوم

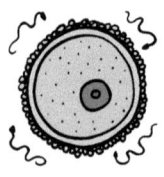

yumurtalık

تخمه

sperm

مني

hamilelik

حمل

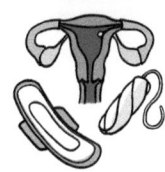

regl

حیض

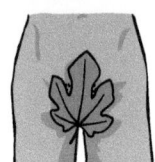

vajina

مهبل

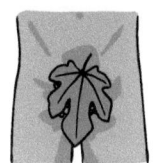

penis

د نارينه تناسلي آله

kaş

وروځی

saç

ويښته

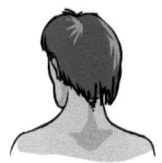

boyun

غاړه

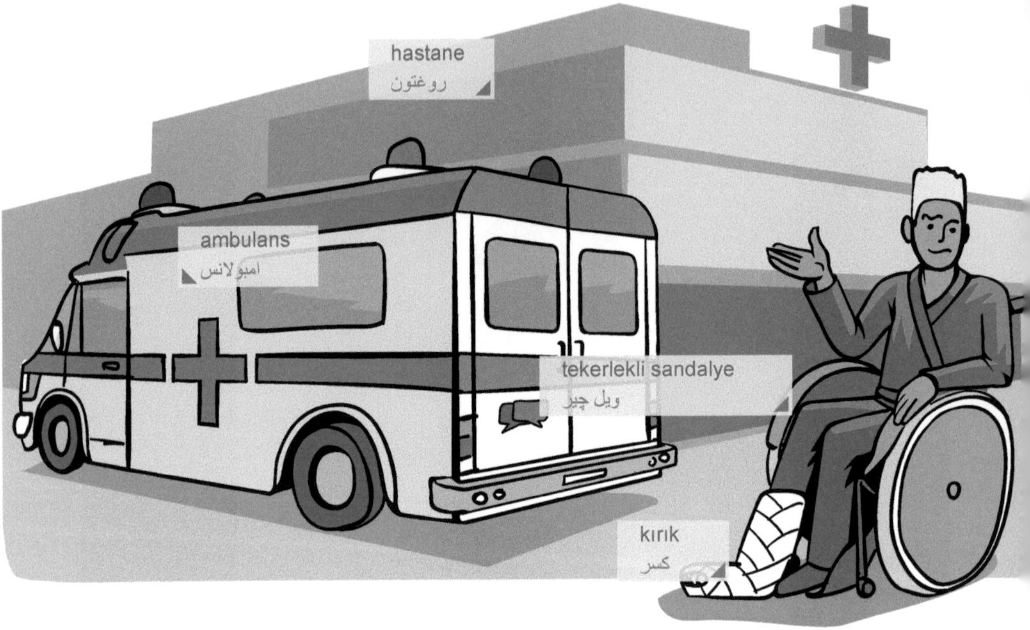

hastane

روغتون

ambulans
امبولانس
tekerlekli sandalye
ویل چیر
kırık
کسر

doktor

ډاکټر

acil servis

عاجل خونه

hemşire

رنځورپال

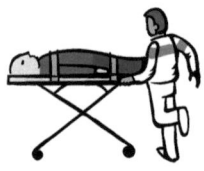

acil

عاجل

baygın

بې هوش

acı

درد

yaralanma

ټپ

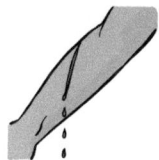

kanama

وینه تویدل

kalp krizi

د زړه حمله

felç

ضرب

alerji

حساسیت

öksürük

ټوخی

ateş

تبه

grip

انفلوینزا

ishal

نس ناستی

baş ağrısı

سر درد

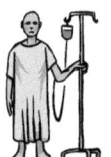

kanser

سرطان

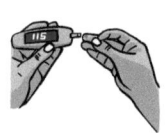

şeker hastalığı

شکر

cerrah

جراح

neşter

سکالپل

operasyon

عملیات

bilgisayarlı tomografi

سيټي

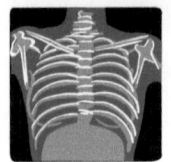

röntgen

ايکس ری

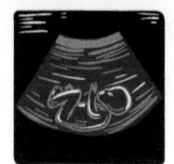

ultrason

التراساوند

yüz maskesi

د مخ ماسک

hastalık

ناروغي

bekleme odası

انتظار خونه

koltuk değneği

امسآ

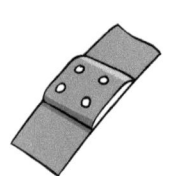

yara bandı

پلستر

bandaj

بنداژ

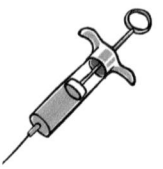

enjeksiyon

تزريق

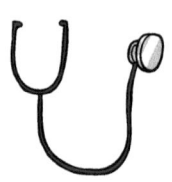

steteskop

ستاتسکوپ

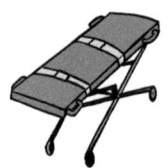

sedye

تسکيره

tıbbi termometre

کلينکي ترماميتر

doğum

زيږون

fazla kilo

زيات وزن

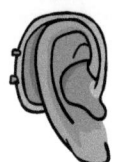

işitme cihazı

د اوریدو مرسته

dezenfektan

د عفونیت ځخه پاکونکي مواد

enfeksiyon

عفونیت

virüs

ویروس

HIV / AIDS

ایچ.آی.وی/ایدز

ilaç

درمل

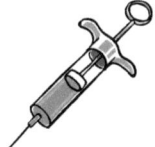

aşı

واکسین

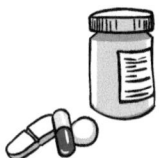

tablet

ټابلیټس

hap

ګولی

acil çağrı

عاجل تلیفون

tansiyon aleti

د وینې د فشار ځارونکی

hasta / sağlıklı

ناروغ/روغ

acil

عاجل

İmdat!

مرسته!

alarm

الارم

darp

يرغل

saldırı

بريد

tehlike

خطر

acil çıkış

عاجل لاره

Yangın!

اور!

yangın tüpü

د اور وژونکی

kaza

پيښه

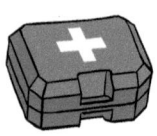

ilk yardım çantası

د لومړی مرستي لوازم

imdat

ايس.او.ايس

polis

پوليس

Avrupa

....

اروپا

Kuzey Amerika

....

شمالي امريکا

Güney amerika

....

سهيلي امريکا

Afrika

....

افريقا

Asya

....

آسيا

Avustralya

....

آسټريليا

Atlantik

....

اتلانتيک

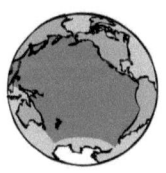

Pasifik

....

پاسيفيک

Hint Okyanusu

....

د هند بحر

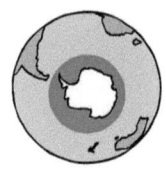

Antarktika Okyanusu

....

جنوبي منجمد بحر

Arktik Okyanusu

....

د شمال قطب بحر

Kuzey Kutbu

....

شمالي قطب

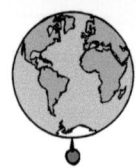

Güney Kutbu

سهيلي قطب

Antarktika

انټارکټيکا

dünya

ځمکه

kara

ځمکه

deniz

بحر

ada

ټاپو

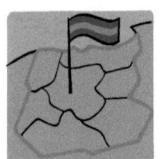

ulus

ملت

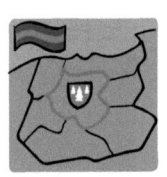

ülke

دولت

dünya - ځمکه

saat
ساعت

kadran

د مخي ساعت

akrep

د ساعت ستنه

yelkovan

د دقيقي ستنه

saniye ibresi

د ثانيې ستنه

Saat kaç?

څه وخت دی؟

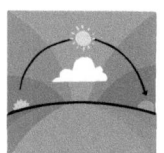

gün

ورځ

zaman

وخت

şimdi

اوس

dijital saat

ډيجيټل ساعت

dakika

دقيقه

saat

ساعت

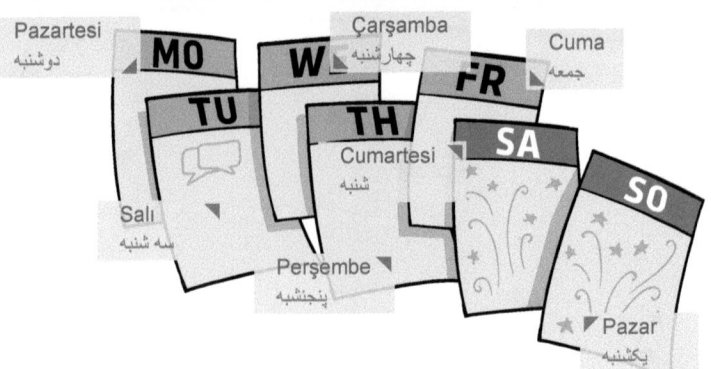

hafta

اونۍ

SA
Pazartesi
دوشنبه
Salı
سه شنبه
Çarşamba
چهارشنبه
Perşembe
پنجشنبه
Cuma
جمعه
Cumartesi
شنبه
Pazar
یکشنبه

dün

پرون

bugün

نن

yarın

سبا

sabah

سهار

öğle

غرمه

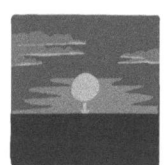

akşam

ماښام

iş günleri

کاري ورځې

hafta sonu

د اونۍ پای

yıl

کال

yağmur
باران
gökkuşağı
رنګین کمان
rüzgar
باد
kara
واوره
bahar
پسرلی
yaz
اوړی
sonbahar
منی
kış
ژمی

hava durumu tahmini
....
د موسم وړاندوینه

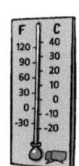

termometre
....
ترمومیټر

güneş ışığı
....
د لمر وړانګې

bulut
....
وريځ

sis
....
لړه

nem
....
رطوبت

şimşek

رڼا

gök gürültüsü

تندر

fırtına

توفان

dolu

ږلۍ ورېدل

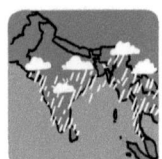

muson

مون سون باران

sel

سیلاب

buz

یخ

Ocak

جنوري

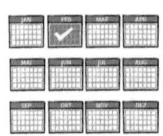

Şubat

فبروري

Mart

مارچ

Nisan

اپرېل

Mayıs

مۍ

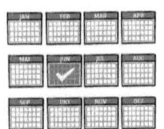

Haziran

جون

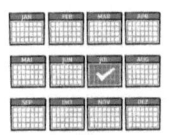

Temmuz

جولای

Ağustos

اګست

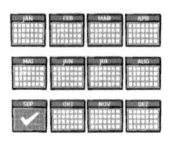

Eylül

سپتمبر

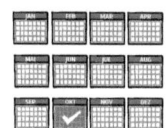

Ekim

اکتوبر

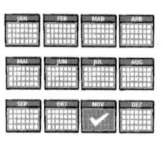

Kasım

نومبر

Aralık

دسمبر

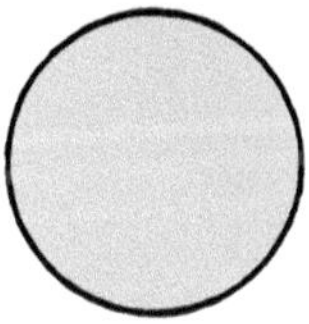

şekiller
شکلونه

daire

دايره

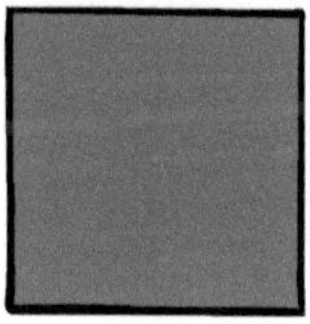

kare

مربع

dikdörtgen

مستطيل

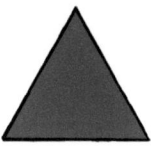

üçgen

مثلث

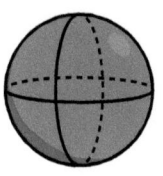

küre

توپ

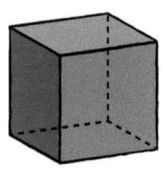

küp

فال

renkler
رنگونه

beyaz

....

سپین

sarı

....

ژیړ

turuncu

....

نارنجي

pembe

....

ګلابي

kırmızı

....

سور

mor

....

ارغواني

mavi

....

نیلي

yeşil

....

شین

kahverengi

....

نسواري

gri

....

خړ

siyah

....

تور

zıt anlamlılar
متضاد

çok / az

خورا ډیر/خورا لږ

kızgın / sakin

قار/ارام

güzel / çirkin

ښکلي/بدشکله

başlangıç / son

پیل/پای

büyük / küçük

لوی/کوچنی

parlak / karanlık

روښانه/تیاره

erkek kardeş / kız kardeş

ورور/خور

temiz / kirli

پاک/ککړ

tamam / eksik

مکمل/نامکمل

gün / gece

ورځ/شپه

ölü / canlı

مړ/ژوندی

geniş / dar

پراخه/نری

yenilebilir / yenilemez

د خوراک وړ/نه خوړل کیدونکی

kötü / iyi

بد/مهربان

heyecanlı / sıkılmış

پاریدلی/بې خونده

şişman / zayıf

چاق/وچ

ilk / son

لومړی/وروستی

dost / düşman

ملګری/دښمن

dolu / boş

ډک/تش

sert / yumuşak

سخت/نرم

ağır / hafif

درund/سپک

açlık / susuzluk

لوږه/تنده

hasta / sağlıklı

ناروغ/روغ

yasa dışı / yasal

غیرقانوني/قانوني

zeki / aptal

هوښیار/ساده

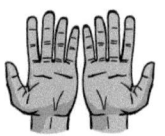

sol / sağ

کیڼ/ښي

yakın / uzak

نږدې/لرې

86 zıt anlamlılar - متضاد

yeni / kullanılmış

نوی/زوړ

hiçbir şey / bir şey

هیڅ/یو څه

yaşlı / genç

بډا/ځوان

açma / kapama

چالان/بند

açık / kapalı

خلاصه/تړلی

sessiz / gürültülü

غلی/لوړ غږ

zengin / fakir

بدایه/غریب

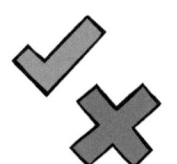

doğru / yanlış

صحیح/غلط

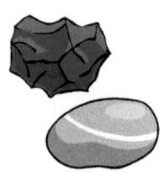

pürüzlü / düz

زیږ/ملایم

üzgün / mutlu

خفه/خوښ

kısa / uzun

لنډ/اوږد

yavaş / hızlı

سست/ګړندی

ıslak / kuru

لوند/وچ

sıcak / serin

ګرم/یخ

savaş / barış

جګړه/سوله

sayılar

شمیرې

0

sıfır

صفر

1

bir

یو

2

iki

دوه

3

üç

درې

4

dört

څلور

5

beş

پنځه

6

altı

شپږ

7

yedi

اوه

8

sekiz

اته

9

dokuz

نهه

10

on

لس

11

on bir

یولس

12

on iki

دولس

13

on üç

دیارلس

14

on dört

څوارلس

15

on beş

پنځلس

16

on altı

شپاړس

17

on yedi

وولس

18

on sekiz

اتلس

19

on dokuz

نولس

20

yirmi

شل

100

yüz

سل

1.000

bin

زر

1.000.000

milyon

میلیون

diller

ژبې

İngilizce

انګلسي

Amerikan İngilizcesi

امریکایی انګلسي

Çince (Mandarin)

چینایی مندرین

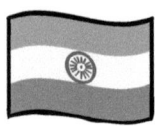

Hintçe

هندي

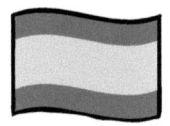

İspanyolca

هسپانوي

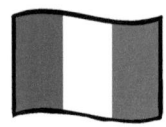

Fransızca

فرانسوي

Arapça

عربي

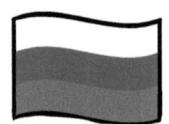

Rusça

روسي

Portekizce

پرتګالي

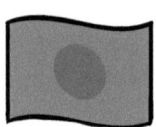

Bengalce

بنګالي

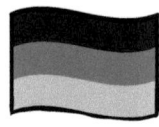

Almanca

آلماني

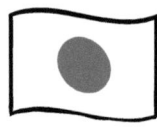

Japonca

جاپاني

ben

زه

sen

ته

o

هغه/دغه/دا

biz

موږ

siz

تاسي

onlar

دوی/هغوی

kim?

څوک؟

ne?

څه؟

nasıl?

څنګه؟

nerede?

چيرې؟

ne zaman?

کله؟

isim

نوم

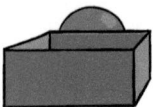

nerede

چیرې

arkasında

شاته

içinde

په

önünde

په مخه کې

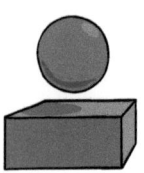

üzerinde

باندې

üstünde

په

altında

لاندې

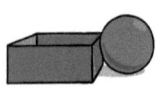

yanında

برسيره پر

arasında

ترمینځ

yer

ځای